KLEINER SAMEN

VON KELLEY BROWNE REYNOLDS

Studio of Books LLC
5900 Balcones Drive Suite 100
Austin, Texas 78731
www.studioofbooks.org
Hotline: (254) 800-1183

Bestellinfos:

Für Firmen, Vereine und so weiter gibt's Rabatte bei größeren Bestellungen. Für mehr Infos, schreib einfach an den Verlag unter der oben genannten Adresse.

Gedruckt in den Vereinigten Staaten von Amerika.

ISBN-13: Softcover   978-1-968491-17-8
          eBook   978-1-968491-18-5

Library of Congress Control Number: 2025915288

Der kleine Samen lebte in einem kleinen Baum im

großen Wald.

In einer kühlen Nacht im Frühling zog ein Sturm auf.

Der kleine Samen wurde von seinem gemütlichen Ast

gerissen. Er

wirbelte durch die Luft, bis er mit einem

dumpfen Schlag auf dem Waldboden aufschlug.

Der kleine Samen schaute nach links.

Dann schaute er nach

rechts.

„Wo bin ich?"

Plötzlich war da eine Gruppe kleiner Samen um sie

herum.

„Hast du so was schon mal gesehen?"

„Wo kommt die denn her?"

Sie schämte sich total.

„Mit mir stimmt doch irgendwas nicht, oder?"

Sie fühlte sich in dieser neuen Welt ganz traurig.

Da sie nirgendwo hin konnte, ließ sie sich einfach in

die kalte, dunkle, matschige Erde sinken.

Der kleine Samen fühlte sich kalt und allein.

„Ich will einfach nur nach Hause!"

Eines Tages sah sie einen Wurm näher kommen.

„Bleib weg, niemand mag mich!",

„Warum sagst du das?", fragte der Wurm.

„Weil die anderen Samen

mir das Gefühl gegeben haben."

Verlegen versank sie wieder in der Dunkelheit.

Der Wurm setzte seinen Weg fort.

Ein paar Tage später schlängelte sich der Wurm wieder

zum kleinen Samen zurück.

„Uggghhh. Bitte lass mich in Ruhe", seufzte sie

„Ich weiß, wie es ist, allein zu sein."

„Wirklich?", fragte der kleine Samen.

„Ja, ich habe auch nie dazugehört, aber ich habe gel-

ernt, dass es nur darauf ankommt,

wie man sich selbst sieht."

Der kleine Samen dachte über seine Worte nach

und der Wurm machte sich auf den Weg.

Ein paar Tage vergingen, und der Wurm kam zurück.

Diesmal begrüßte ihn der kleine Samen.

„Ich hab über das nachgedacht, was du gesagt hast.“

„Wirklich?“, fragte der Wurm und beugte sich vor.

„Weißt du noch, wie du gesagt hast, dass das Einzige,

was zählt,

ist, wie du dich selbst siehst?"

„Ja“, nickte der Wurm.

Kleiner Samen holte tief Luft. „Ich fühle mich nicht gut

mit mir selbst. Wie kann ich das ändern?"

„Mit Liebe"

„Jeder hat tolle Eigenschaften. Such dir jeden Tag eine

Sache,

die du an dir magst, und freu dich den ganzen Tag

darüber",

meinte der Wurm. „Ich mag, dass ich so bunt bin",

sagte der kleine Samen. „Das ist ein super Anfang!"

Der kleine Samen und der Wurm tanzten umeinander

herum

und entwickelten eine neue Freundschaft.

Mit The Worm an ihrer Seite lernte sie,

sich selbst in all ihrer Schönheit zu lieben.

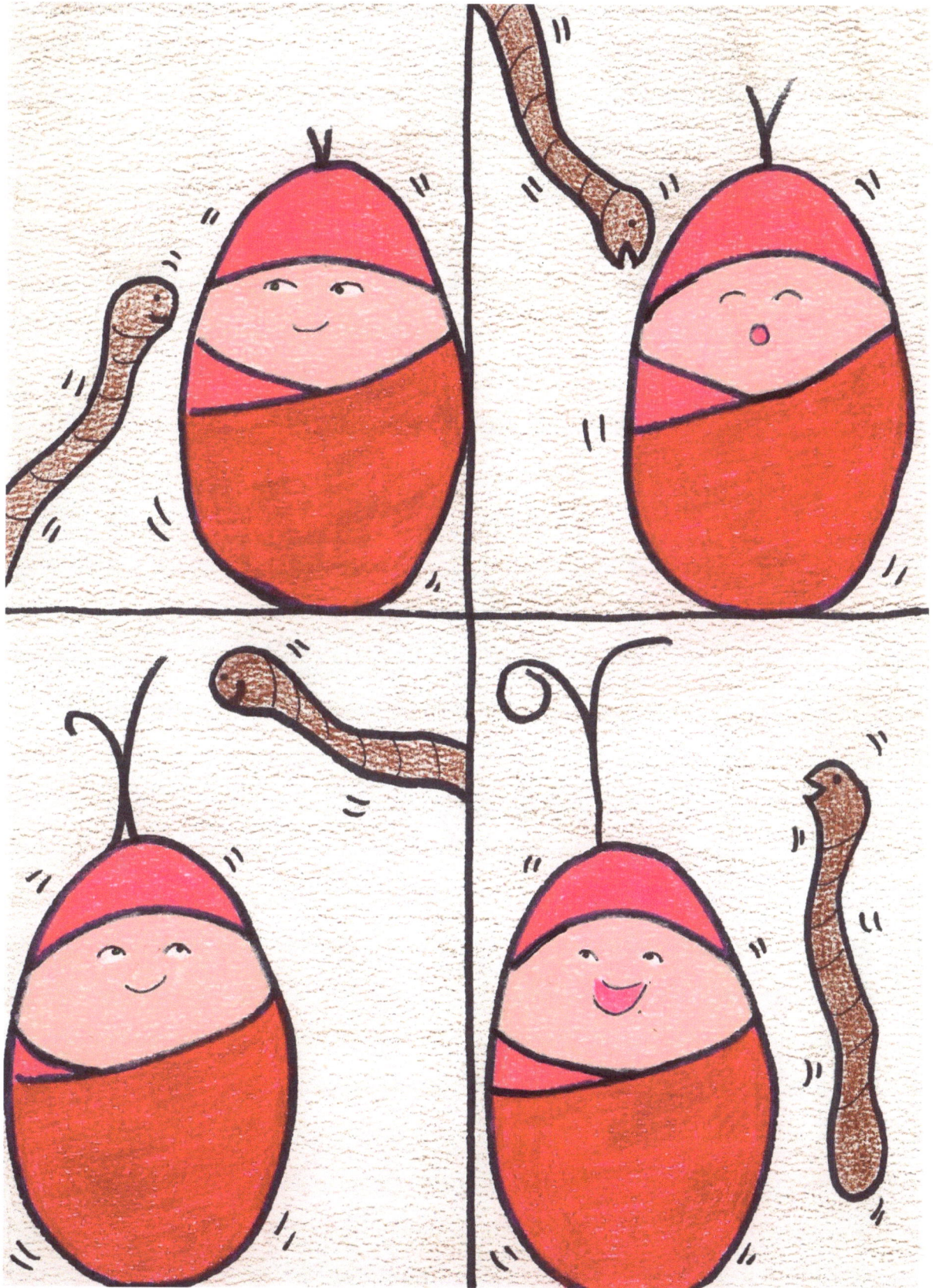

Der kleine Samen fand, dass er sich wirklich mochte.

Als die Sonne auf ihn schien, begann er

sich zu öffnen und zu wachsen.

„Ich wusste, dass du das kannst", rief der Wurm freudig.

Sie wuchs und wuchs und wuchs, bis...

Sie wurde mehr, als sie sich je hätte vorstellen können.

Sie wurde zu einem prächtigen Baum!

Für mein kleines Mädchen

US-REZENSION VON BOOK-SUS-BÜCHERN

„Ja, ich hab auch nicht reingepasst, aber ich hab gelernt, dass es nur drauf ankommt, wie du dich selbst siehst."

Auf den ersten Blick ist Reynolds' Kinderbuch bunt und sieht cool aus. Es erzählt die Geschichte von Little Seed, die ganz entspannt auf einem Ast sitzt, bis ein Sturm sie in den Wald wirft, weit weg von ihrer Komfortzone. Als die einsame Little Seed auf die vielen fremden Samen trifft, zieht sie sich in sich zurück, fühlt sich beschämt und beginnt, ihre eigene Identität zu hinterfragen.

Der Autor geht auf eine der wichtigsten Diskussionen unter den Kids von heute ein: wie man sich wegen seiner Unterschiede voneinander abgrenzt. Während die anderen Samen Little Seed das Gefühl geben, nicht dazuzugehören, macht The Worm Little Seed klar, dass es nichts Wichtigeres gibt, als sich selbst zu lieben. Bestätigung und eine positive Einstellung sind zentrale Themen in Reynlearning Reynolds' Werk, das den Erwachsenen von morgen dabei hilft, Selbstvertrauen und Selbstwertgefühl aufzubauen, indem es eine positive Eigenschaft nach der anderen untersucht.

Die Fähigkeit des Autors, eine einfache Erzählstruktur mit leicht verständlichen, fesselnden Figuren zu schaffen, vor allem Little Seed und The Worm, ermöglicht es jüngeren Kindern, sich in die Figuren hineinzuversetzen und deren Handlungen in ihrem eigenen Leben nachzuahmen. Außerdem hat der Schreibstil einen Rhythmus, der sich eher lyrisch, sogar poetisch anfühlt, weil er Elemente wie Enjambement und Wiederholungen nutzt, um einen Rhythmus zu erzeugen. Vor allem aber eignet sich das Kinderbuch des Autors, egal ob im Klassenzimmer, in der Bibliothek oder am Bett, super für jüngere Kinder, die gerade anfangen, sich selbst zu verstehen und zu lernen, sich in einer Grundschule zurechtzufinden.